Peyo

La flauta de los PITUFOS

JOHAN Y PIRLUIT: LA FLAUTA DE LOS PITUFOS.
Título original: "Johan et Pirlouit: La Flûte à Six Schtroumpfs".
© Peyo 1960.

Primera edición: diciembre 1999.
© 1999 NORMA Editorial S.A. por la edición en castellano.
Fluvià, 89. 08019 Barcelona.
Tel.: 93 303 68 20 - Fax: 93 303 68 31.
E-mail: norma@norma-ed.es - Internet: www.norma-ed.es
Traducción: Lorenzo F. Díaz. Rotulación: Juan Manuel Peña.
Depósito legal: B-39708-99. ISBN: 84-8431-036-1.
Printed in Spain by Índice S.L.

PITUFARÉ, PITUFARÁS

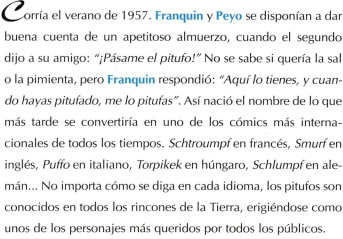

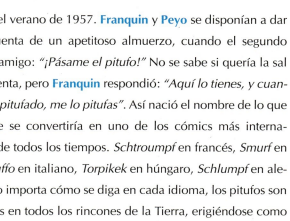

*C*orría el verano de 1957. **Franquin** y **Peyo** se disponían a dar buena cuenta de un apetitoso almuerzo, cuando el segundo dijo a su amigo: *"¡Pásame el pitufo!"* No se sabe si quería la sal o la pimienta, pero **Franquin** respondió: *"Aquí lo tienes, y cuando hayas pitufado, me lo pitufas"*. Así nació el nombre de lo que más tarde se convertiría en uno de los cómics más internacionales de todos los tiempos. *Schtroumpf* en francés, *Smurf* en inglés, *Puffo* en italiano, *Torpikek* en húngaro, *Schlumpf* en alemán... No importa cómo se diga en cada idioma, los pitufos son conocidos en todos los rincones de la Tierra, erigiéndose como unos de los personajes más queridos por todos los públicos.

Pierre Culliford (Bruselas, 1928-1992) es el creador de los pitufos. Conocido en el mundo de la historieta como **Peyo**, inició su carrera en 1946 cuando empezó a trabajar en un estudio de autores en Bélgica. La aventura no duró mucho, sobre todo porque el estudio quebró. Los comienzos no habían sido fáciles, pero en 1951 el maestro **André Franquin** (SPIROU Y FANTASIO) ofreció a **Peyo** la posibilidad de trabajar en la editorial Dupuis. Allí empieza a desarrollar y perfeccionar su estilo, caracterizado por el look "cartoon", también usado por autores como **Franquin** o **Morris**, en contraposición a la línea clara propia de los cómics de **Jacobs** o **Hergé**. Llenos de expresividad, con un gran dominio del dibujo humorístico y el ritmo de narración, los trabajos de **Peyo** son auténticas muestras de buen cómic.

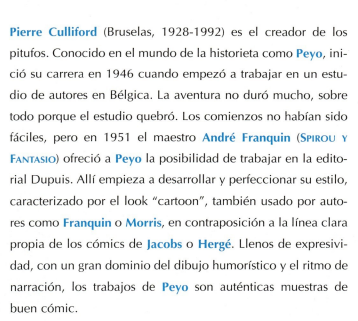

Entre sus primeras creaciones se encuentran las aventuras de BENOÎT BRISEFER, con 7 volúmenes publicados, y JOHAN Y PIRLUIT, que protagonizarían 13 álbumes. Fue en el noveno tomo de esta serie, titulado LA FLAUTA DE LOS PITUFOS, donde aparecieron por primera vez unos pequeños duendes azules que hablaban en un idioma muy extraño, un idioma muy... pitufo.

Rápidamente, los diminutos personajes pasaron de ser unos secundarios a convertirse en protagonistas de sus propias aven-

turas. **Peyo** creó más o menos un centenar de pitufos que viven en un poblado perdido en el bosque, lejos de las miradas de los humanos. Cada cual tiene su personalidad; el Gran Pitufo rige sabiamente todos los conflictos que se producen entre ellos, el pitufo gruñón siempre es la nota discordante, el gafitas busca aleccionar a sus semejantes con su sabiduría, el forzudo lo soluciona todo en un periquete, el perezoso no se tiene nunca en pie...

Hasta la fecha han aparecido 19 álbumes de los pitufos. Desde el primer volumen, titulado LOS PITUFOS NEGROS, hasta el último, publicado recientemente bajo el título de EL PITUFO SALVAJE, estos pequeños seres azules, siempre perseguidos por el malvado Gargamel, han divertido y entretenido a millones de pequeños y grandes en todo el mundo. Y seguro que, con sus nuevas aventuras, lo seguirán haciendo durante muchos años más.

De arriba a abajo:
Franquin, Peyo y Walthery.

Peyo, en su estudio.

La flauta de los PITUFOS

¡Aaaaaah!

¡Ha terminado!

¡Qué calma! ¡Qué serenidad!

¡Una delicia!

¿Sabes que hasta sueño con él?

¿Ah, sí? Yo también tengo alguna que otra pesadilla... ¡Vaya, un mercader!

¡No, no! ¡A quien quiero ver es al señor Pirluit! ¡Seguro que le interesa mucho lo que le traigo...! ¡Y lo vendo barato!

?

¿Qué sucede aquí? ¿Tenéis algo para Pirluit?

¡Sí, señor!

¡Muy bien, id a buscarlo!

¡Como mandéis!

¿Y le interesa mucho? ¿Es algo de comer...?

¡No! ¡Je, je! ¡Le resultaría indigesto! ¡Esperad! ¡Voy a enseñároslo...!

¡Son pequeñas maravillas! ¡Y nada caras! ¡Pero que nada caras!

!

!

Aquí están... y también tengo un arpa, una cítara, un salterio, una gaita y otro instrumento más. Uno grande. ¡No sé cómo se llama, pero hace mucho ruido!

¡Buf! ¡Ya se ha ido! ¡Deprisa! ¡Ayudadme a levantarme!

¿Ah? ¿Ya no queréis dormir...?

¡No digáis estupideces! ¿Os parece un sitio para echarse a dormir?

Pues, no... Pero, hace un momento...

Pirluit estaba aquí hace un momento... Mirad sobre lo que me había túmbado y lo entenderéis.

¿Una flauta? ¿De dónde ha salido?

¡De ese maldito mercader, seguro! ¡Dádmela para que la rompa antes de que vuelva!

¡Más valdría quemarla! ¡Es capaz de recoger los pedazos!

¡Tenéis razón! ¡Vamos, precisamente he mandado encender el fuego de mi habitación!

¡Dádmela!

¡Ya está...! ¡A paseo con ella!

SCRIIICH

DONG DONG DONG

¡Ah! ¡La campana de la comida!

¡Vamos! ¡Tantas emociones me han abierto el apetito!

¡Señor! ¡Venid a ver! ¡Abajo en el patio!

¡¡Creo que me han tomado el pelo!!

9

Er... Yo... Bueno... ¡¡Disculpadme!! ¡Pa... parece que tiene algo de hollín...! Por el fuego... je...

¡PIRLUIT! ¡ENTRÉGAME AHORA MISMO ESA FLAUTA!

¡Estamos perdidos! ¿Estás seguro de que es la misma que tiramos hace un rato al fuego?

¡Del todo!

¿Cómo os explicáis que no haya ardido? ¡Y ha estado entre las llamas todo el tiempo de la comida!

¡No entiendo nada! ¡Es cosa de brujería!

Acabaré por creerlo.

En los aposentos de Pirluit.

¡Bueno! ¡Ya está de lo más limpia!

¡Espléndido! ¡Tengo que hacer que la oiga alguien! ¡Ah, precisamente ahí está el senescal!

¡Hola, señor! ¿Podéis escucharme? ¡Quiero tocaros una pequeña melodía!

¿Ah? Er... ¡pero que sea corto! ¡Tengo mucha prisa!

¿Eh...? Pero... ¿¿Qué es esto...??

12

¡Ji, Ji, Ji, Ji, Ji!
¡Es demasiado divertido!
¡OTRA VEZ! ¡OTRA VEZ!

¡Eh...!

¡Rayos! ¡Ya no funciona! ¡Era demasiado bonito...!

¿Qué has dicho? ¡Habla más fuerte, estoy algo sordo!

15

¡Mirad esta zanfonía! ¡Es una joya que vale su peso en oro! ¡Os la dejo por diez monedas!

¡Habría preferido algo menos complicado! ¡Como una flauta!

¿Una flauta? ¡Podéis decir que habéis tenido suerte! ¡Precisamente tengo una! ¡Y qué flauta! ¡¡Una maravilla!! ¡Y nada cara! ¡Esperad que os la enseñe!

¡Ah! Pero, ¿dónde estará? ¡Diantre! ¡¡La he perdido!!

¡Qué lástima! ¡Una pieza única! Tenía un pequeño defecto, ¡sólo tenía seis agujeros!

¿No preferís un bonito tambor? Os regalaré los...

¡EH, TABERNERO! ¡ALGO DE BEBER!

¡Ya voy!

Decidme, amigo, ¿he oído que tenéis una flauta de seis agujeros?

¿Eh...? ¡Oh, sí! Pero, desgraciadamente, la he perdido. ¿Por qué?

¡Me interesan mucho las piezas originales! ¿No se os ocurre dónde podéis haberla perdido?

¡Esperad...! ¡Sí, claro! ¡Debió de ser en el castillo del rey! ¡Me hicieron recoger muy deprisa la mercancía! ¡Debió caérseme en ese momento!

¿En el castillo del rey? ¡Ajá! ¿Y a quién le comprasteis esa flauta?

Er... Bueno, la verdad... la encontré en la cabaña de un hechicero. Los aldeanos acababan de quemarla...

Sólo quedaban vigas calcinadas. Me di cuenta de que salía un extraño humo verde de un montón de cenizas... ¡sí, verde! Fui a mirar, intrigado, y allí encontré una flauta. ¡Intacta! ¡Todo se había quemado menos esa flauta! Qué raro, ¿verdad?

Pero, si queréis otro instrumento, los tengo preciosos. ¡Y nada caros!

¡No, gracias! ¡Buenas noches!

¡Tabernero, mañana antes del alba haréis ensillar mi caballo y me indicaréis el camino al castillo del rey!

17

Al día siguiente.

¡Dos flechas de tres! ¡No está mal a cincuenta pasos!

¡Ésta dará en pleno centro! ¡Fíjate bien!

¡OH, NO!

¡Deja ya esa flauta! Las bromas cuanto más cortas...

...menos largas son! ¡JA, JA, JA!

¡UAAAAH!

?

?

¡Lo siento! Yo...

¡Lo siento! ¡Lo siento! ¡Ahora sí que lo sentirás...!

©!✿✦✠☆

¡Je, je! ¡En efecto, en pleno centro!

¡Te voy a propinar la mayor paliza de tu vida, arquero de tres al cuarto!

¡Eh! ¡Un poco de calma!

¡Vamos, buen hombre, o muestra algo más de educación o le clavo más flechas donde yo me sé hasta hacer que parezca un alfiletero!

©!✿✦✠☆ ¡Te voy a hacer pedazos, maldito mocoso!

¿Ah, sí? ¡Eso lo veremos! ¡Johan! ¡Tápate los oídos!

14

18

¡On, no! ¡Continuad todo recto! ¡Veréis las almenas desde el otro lado de esa colina!

¡Bien! ¡Gracias!

¿Qué le ha pasado a ese hombre? ¿Está muerto?

¡No, tranquilizaos! ¡Es un simple desvaneci-miento...! Nada grave.

¡Ah, bueno! ¡Adiós, entonces!

¡Vaya! Precisa-mente ahora vuel-ve en sí.

¿Tú crees que seguirá enfa-dado?

Ohhhh...

¡Veámoslo! ¡Ayúdale a le-vantarse!

¡De eso nada! Yo me preparo para contraatacar. ¡Nun-ca se sabe!

¡Cuidadito! ¡O te muestras más listo o vuelvo a tocar la flauta! ¿Entendido...?

¡AAAAH!

¡A MÍ! ¡¡SON UNOS BRUJOS!!

¡Pero si se va con tu flecha...! ¡AL LA-DRÓN!

¡Vamos, es hora de vol-ver al casti-llo!

¿Qué te pa-sa? ¡Pareces preocupa-do!

¡Sí! ¡Tengo la impresión de que esa flauta del diablo sólo nos dará problemas!

¡Espera, que te ayudo!

¡Os habéis salvado por los pelos! ¡Tenéis algo roto?

Eh... no. ¡Creo que no!

¿Qué os ha pasado? ¿Acaso os creíais un pájaro?

¡Ha sido vuestra cabra! ¡Esa mala bestia me ha dado una buena cornada!

¿Carlota?

¿¡Se ha vuelto loca...?! ¡Le voy a decir dos palabritas!

¡Para eso habrá que escalar antes! ¿Os sentís con fuerzas?

¿Para escalar todo eso? ¡Ay ay ay! ¡No, nunca conseguiré llegar!

¡Es ese caso, esperad aquí con Pirluit! ¡Buscaré ayuda en el castillo! ¡Unos cuantos hombres y una cuerda sólida nos sacarán de ésta!

¡Ah, Johan! ¡Coge la flauta de paso! ¡Me la he dejado arriba!

Er... ¡Esperad! ¡Ya puestos, quisiera intentar la subida! ¡Deberéis ayudarme un poco, pero creo que podré!

¿Ah? Bueno, probemos.

¡Ouf! No se ha perdido nada.

Mientras tanto, arriba, ocultos tras una roca...

¡Ahí está!

¡Ya voy!

¡Buena pitufa!

SCRAP GNAP

¡EH!

¡Ay!

¡Ya casi estoy! ¡Empujadme un poco más!

¡¡Vaya!!

¡Ahí está! ¡Ya la tengo! ¡Ja, ja, ja!

¡SOCORRO! ¡ESA BESTIA SIGUE ARRIBA!

¡Eh!

¡¡Carlota!! ¡Espera un poco!

Pero, ¿qué te pasa? ¿Quieres dejar en paz al caballero, que no te ha hecho nada?

Beeee...

¡Nada de "bes"! ¡Te portas como una maleducada! ¡Me avergüenzas! ¡¡Anda, ve a esconderte!!

Olvide este incidente, señor... er... ¿Señor...?

¡Mathieu Torchesac!

♯@★!¡≉c ¡Falle!

¡Te quedarás sin berzas durante ocho días! ¡Y ya puedes ponerte de morros, que eso no cambiará nada! ¡Menudo carácter!

Pero Mathieu Torchesac no es el único que ha fallado...

25

Más tarde, en el castillo...

¡Buenas noches!

¿Eh...? ¡Ah...¡Sois vos!

¡Vaya! ¡No tiene la flauta!

¡Me han contado muchas cosas buenas de vos!

¿¡De mí?? ¿Estáis seguro?

¡Claro! Me han dicho que sois un muchacho inteligente, fuerte, valiente, trabajador...

¡Han exagerado! No mucho, pero exagerado...

¡También me han dicho que sois amante del arte! ¡Sobre todo de la música!

¡Ah, sí! ¡Sobre todo cuando la toco yo! ¡Y a vos? ¿Os gusta la música?

¡Me vuelve loco! ¡Siento auténtica pasión por ella! ¡No podría vivir sin la música....! ¡Y me decís que tocáis?

¡Desde luego! ¿Queréis escucharme?

¡No podríais darme un mayor placer!

¡Entonces, esperad aquí un instante! ¡Corro a por mi instrumento!

¡Eso es! ¡Daos prisa! ¡Corre a coger la flauta! ¡Ja, ja, ja! ¡¡Qué ingenuo!!

¡Esta vez no te protegerá ninguna Carlota!

¡Cuidado! ¡Ya viene!

¡En cuanto le apriete las cuerdas os tocaré la balada del caballero cojo!

Dos horas más tarde...

COMO UN SERVICIO ME DEBÉIS, HOY DEVOLVÉRMELO PODÉIS.

Bonita, ¿eh? ¿Os canto otra?

¡NO, NO! Ha sido espléndido, magnífico, pero, er... ¡No conviene abusar de lo bueno!

Ése no es el único instrumento que tocáis, ¿verdad? ¡Me pareció veros hace un rato con una flauta!

¡Sí! ¡Pero quisiera advertiros que no es una flauta cualquiera!

¡ESTÁ ENCANTADA! ¡Cuando la toco, la gente se pone a bailar sin poder pararse!

¡Ja, ja, ja! ¡No querréis que me crea eso! ¡Una flauta encantada! ¡Esas cosas no existen!

¿Ah, no? ¡Acompañadme, entonces! ¡Ahora veréis si existen o no!

¡Esta vez es mía!

¡No os quejéis luego si os hago bailar como a un diablo en una pila de agua bendita! ¡Vos lo habréis querido!

DONG

¿El qué? ¿Qué pasa...?

¡Oh! ¡Escuchad....!

DONGDILONG DONGDILONG DONG!

¡YUPIIIIIIII! ¡Es la campana que anuncia la cena! ¡Ñam-ñam! ¡Vamos corriendo!

Pero qué @!?¤ es esta ★!#@ ¡¿Es que no llegará el ☼!*§ día en que consiga esa ?¤@* flauta?!

27

Un poco más tarde, en la habitación de Pirluit...

¡Con cuidado!

¡Chht!

¿La tienes?

¡Sí!

¡No entiendo qué le reprochas!

¡Cuidado!

¡Pitufo, repitufo y recontrapitufo!

¡A mí ese Mathieu Torchesac me resulta simpático!

¡Hmm! ¡No sé! ¡No me inspira confianza!

¿Qué cosas tienes! ¿Echamos una partida de ajedrez antes de dormir?

¡Oh, no! Tú siempre haces trampas... y yo me caigo de sueño. ¡Buenas noches!

Que hago trampas... ¿Yo? ¡¡Qué cara tiene!! ¡Ésa sí que es buena! ¡Si no hiciera trampas siempre ganaría él!

¡Vaya! ¿Quién ha movido el casco? ¡Ése no es su sitio!

¡Ay!

¡Ay!

TOC — TOC — TOC

¡Adelante!

¡Soy yo! ¡Venía a daros las buenas noches! ¿Estáis solo?

¡Sí! Pasad, pasad.

¡Ajá! ¡Ésa será la famosa flauta!

¡Sí, así es!

Entonces, según decís, ¿si yo la tocara, vos os pondríais a bailar?

¡Sí! ¡Y si la toco yo, seríais vos quien bailaría! ¡Fijaos bien!

¡EH! ¡AH! ¡OH! ¡B...BASTA!

¡Ja, ja, ja! ¿Os habéis convencido ya?

Er... yo... ¡Pff! ¡S... sí! ¡¡Es... pfff... inaudito!!

¡Ahora deberíais dejarme tocar a mí! ¡Sólo un poco! ¡Para ver si vos también bailáis! ¿Queréis dejarme?

Er... Es que... ¡No me gusta separarme de ella...!

¡Oh, lo comprendo! ¡No tenéis confianza en mí! ¡No, no, ya veo! ¡Me producís un gran pesar! ¡Snif! Yo que creía haber encontrado un amigo de verdad... snif, snif... ¡Bueno, que no se hable más!

¡Vamos, no lloréis! ¡Aquí la tenéis! ¡Pero prometedme que cuando os diga "basta" dejaréis de tocar!

¡Os lo juro!

Al día siguiente...

¡Os aseguro que partió esta noche! ¡Yo estaba de guardia en el puente levadizo y le vi irse!

¡Qué extraña es esa partida precipitada! ¡Igual lo habló con Pirluit! ¡Voy a preguntárselo!

¡Seguro que ese perezoso todavía sigue roncando!

!

¡Mmmblm! ¡¡¡Blmg lmmbm glm!!!

¡Pero...pero, señor. ¡Hay que detener al ladrón! ¡Hacer que lo ahorquen!

¡Claro! ¡Claro!

¡Aquí estás! ¿Qué es lo que te ha pasado?

¡Mathieu Torchesac me ha robado la flauta! ¡Ese bandido me la pidió para tocarla jurando que pararía en cuanto yo se lo dijera! ¡Pero cuando grité "basta" ese canalla siguió tocando hasta que me desvanecí! ¡Cuando volví en mí, no estaban ni Torchesac ni la flauta, y yo estaba atado y amordazado!

¡Ah, ahora comprendo por qué se fue anoche!

¡Bah! ¡Ya le cogeremos algún día! ¡No nos pongamos dramáticos!

¡Todo lo contrario! ¡Esa flauta tiene el poder de hacer que la gente caiga desmayada si se le toca el tiempo suficiente! ¡Imaginad el partido que pensará sacarle Torchesac!

¡Y mientras tanto, nosotros perdiendo el tiempo aquí! ¡Hay que salir enseguida tras él!

¿Cómo quieres que lo encontremos? ¡Ni siquiera sabemos en qué dirección se fue!

¡Me da igual! ¡Recorreremos el país en todas direcciones hasta que el azar nos ponga en el buen camino!

¡Desde luego, es una posibilidad!

¡Es la única que tenemos! ¡Haz que ensillen tu caballo!

Y unos instantes más tarde...

¡Así que le gusta la música! ¡Pues pienso componerle un bonito réquiem!

31

Johan y Pirluit recorren el país durante tres semanas, interrogando a todo el que encuentran...

...tanto a grandes señores...

...como a campesinos...

Interrogando a los habitantes de cada ciudad, pueblo o aldea. Pero, por muy detallada que sea la descripción de Pirluit...

...el resultado es siempre el mismo... Nadie ha visto a Mathieu Torchesac.

Empieza a bajarles la moral...¡ya de por sí bastante baja!

Y cuando todo parecía perdido...

Un mes más tarde.

¡Todavía nada! ¡Te confieso que ya no me quedan muchas esperanzas de encontrar a Torchesac!

A mí tampoco... ¡Mira, una posada!

¡Yo creo que ha debido dejar el país! ¡Dios sabe si no estará ya a cien leguas de aquí!

¡Es lo más probable!

¡En ese caso, deberíamos abandonar! ¡Dar media vuelta y volver al castillo...! ¿Tú qué opinas?

¡Sí, tienes razón! ¡Esta persecución es insensata!

Por cierto, parece que aquí no nos hacen mucho caso.

¡Pues, es verdad! ¡Eh! ¡Tráiganos de comer! ¿Posadero? ¿Es que no hay nadie?

¡TENGO HAMBRE!

¡POSADERO!

¿Pero qué pasa en este sitio? ¡¡Tiene que haber alguien o nos habríamos encontrado la puerta cerrada...!!

¡¡¿Oh...?!! ¡JOHAN! ¡VEN, DEPRISA!

¿Qué es lo que...? ¡Oh...!

¡Buf! Gracias... ¡Menuda aventura! ¡Es para no creérsela! ¡Imaginad, hacía un mes que tenía a un viajero alojado aquí! De vez en cuando se iba para uno o dos días. De reconocimiento, decía.

Y esta mañana me dijo: "¡Creo que ya puedo irme! ¡Vais a ser mi primer cliente!" Y entonces se puso a tocar una flauta, y yo me puse a bailar como si...

¿QUÉ? ¡Cielos! ¿Ese hombre es un gordito moreno y con barba? ¿Cómo se llama? ¿Os dijo su nombre?

Er... sí. ¡Mathieu Torchesac!

Mientras, a unas leguas de la posada, en la pequeña aldea de Chatonoy...

¡Soooo!

Veamos, tengo que visitar al magistrado, al usurero y al orfebre. ¡Los demás no interesan! ¡Bueno empecemos por el magistrado!

TOC
TOC
TOC

¿Qué deseáis?

¡Hablar con el magistrado!

Un instante...

¡El magistrado no está!

¡Hmm! ¡Qué lástima! Le traía cien escudos y...

¿Ah? ¡Pasad un momento! ¡Creo que acaba de volver!

¡AH!
¿EH?!
¡AY!
Hiiiiiii

BUM

¡Ahora, a ver al usurero!

¡Ya voy! ¡Ya voy! ¡Qué prisas!

TOC
TOC

¿EH?!
¡AH!
¡OUCH!
¡A MÍ!
¡UN MOM...!

BUM

¡Cómo se ha resistido éste! ¡Y ahora el orfebre!

¿Es por una joya, señor?

¡No! ¡Por todas las joyas!

¡Ya está! ¡Y sin problemas! ¡Ja, ja, ja! ¡Esta flauta es maravillosa!

¡Ah, sí! ¡Creo que sé a quién os referís! ¡Ha entrado en casa del orfebre! ¡Es la casa de la esquina!

Peyo

30

¡Un caballo al galope! ¡Lo más prudente será sacar la flauta! ¡Nunca se sabe...!

¡AHÍ ESTÁ! ¡LADRÓN! ¡DEVUÉLVEME AHORA MISMO ESA FLAUTA...!

...O TE VOY... ¡AHHH!

¡EH!

?

¡CA... CANALLA! ¡ÉSTA ME... LA PAGARÁS...!

?

¡ESTO ME LO PAGARÁS MULTI... PLICADO... POR CIEN! ¿ME OYES?... MALDITO CERDO DE...

¡Buf! ¡Por qué poco! ¿Qué voy a hacer con estos dos? ¡Son capaces de estropearme los planes si los dejo aquí! ¡Tanto peor! ¡Los llevaré conmigo!

¡Arriba y en marcha! ¡Ya he perdido demasiado tiempo!

¡ALLÍ! ¡ES ÉL! ¡¡DETENEDLE!!

31

¿Qué pensáis hacer con nosotros?

¡Pronto lo sabréis!

¡Ya hemos llegado! ¡Aquí es donde nos separaremos!

?

¡Pero, antes de eso, dejad que os dé un consejo! ¡No intentéis recuperar la flauta! ¡Si volvemos a encontrarnos, tocaré una melodía... ¡DE LA QUE NO VOLVERÉIS A DESPERTAR!

¡Y ahora, sintiéndolo mucho, me veo obligado a dormiros! ¿Preferís alguna melodía en especial? ¡Ja, ja, ja!

Algunos instantes más tarde...

¡Alerta! ¡Chatonoy ha sido saqueado por tres bandidos!

¡He conseguido coger a dos y dejarlos inconscientes! ¡Deprisa, cogedlos y encerradlos!

¡No os confiéis! ¡Son peligrosos y astutos! ¡No los soltéis bajo ningún pretexto!

¡Estad tranquilo!

¡Yo continúo la persecución del tercero! ¡Adiós!

¡Jo, jo, jo! ¡Me gustaría verles la cara cuando vuelvan en sí! ¡Ja, ja, ja!

¡... OS DIGO QUE NO FUIMOS NOSOTROS! ¡EL LADRÓN ERA ÉL! ¡¡ABRID ESTA PUERTA, BANDA DE ATONTADOS!!

BUM BUM BUM BUM

Al día siguiente, Johan y Pirluit son llevados a Chatonoy, donde consiguen probar su inocencia tras muchas discusiones.

¡Lo sentimos! ¡Lo sentimos muchísimo!

¡Y mientras tanto, Torchesac ha conseguido lo que quería! ¡Está lejos y costará mucho encontrarlo!

¿Ah? ¿Es que pretendes reanudar la persecución? Er, ¿no recuerdas lo que nos dijo? Si vuelve a encontrarnos... ¡nos hará dormir para siempre!

¡Hay que correr ese riesgo! ¿Qué quieres que hagamos, si no? ¡No podemos abandonar ahora!

¡No, claro! Pero, ¡ojalá esa flauta diabólica pudiera perder su poder!

Eso... eso no es ninguna tontería. ¡Cielo santo! ¿Cómo no se me ha ocurrido antes...? ¡¡Homnibus!!

¿El hechicero?... *

¡Pues claro! ¡Él conocerá la forma de desencantar la flauta!

¡Sapristi! ¡Pues es verdad!

¡Su casa no está muy lejos! ¡Podremos llegar antes de la noche!

¡Eres genial, Johan! ¡Casi tanto como yo!

Unas horas más tarde, nuestros héroes llegan a casa de Homnibus y le cuentan su aventura.

¡Ay, amigos míos, no puedo hacer nada! ¡Nadie conoce el secreto de las flautas encantadas!

¿De verdad que nadie?

¡No! ¡Salvo los "pitufos", claro!

¡A su salud!

* Ver: "La piedra lunar"

38

¿Los... los qué?

¡Los pitufos! ¡Los que hacen las flautas encantadas!

¿Ah? ¿Y estos, er, como se llamen, podrían ayudarnos?

Sí, pero... ¡Viven en el país maldito! ¡No hay caminos que lleven allí! ¡Hay que franquear torrentes vertiginosos que corren por el fondo de desfiladeros de escarpadas paredes! ¡Atravesar pantanos que emiten vapores mortales! ¡Bosques infestados de serpientes! ¡Arenas movedizas! ¡No, creedme! ¡Nadie puede llegar al país maldito!

Aun así, podría probar a hacer algo. ¡Enviaros allí por hipnokinesis! ¿Qué os parece?

Bueno...

Er...

¡Muy bien! ¡Vamos! ¡Probemos enseguida la experiencia!

¡Sentaos allí!

¿Qué... qué vais a hacernos? Nada de bromas, ¿vale?

¡Oh, no! Me voy a limitar a dormiros y...

¡¿OTRA VEZ?! ¡Pero qué manía! ¡¡Últimamente nos duerme todo el mundo!!

¡Chssst! ¡Cállate ya!

¡Os sumiréis en un letargo! ¡Después, y gracias a ciertas fórmulas mágicas, desdoblaré vuestra personalidad y haré que se rematerialice en el país maldito! ¡Seguiréis aquí, pero estaréis allí! ¿Habéis comprendido?

¡Nada de nada!

¡No importa! ¡Miradme a los ojos! ¡Relajaos....! ¡No penséis en nada....!

¡Dejaos llevar! ¡Debéis dormir...! ¡Dormir....! ¡Dormir....! ¡Dormir....!

41

¡Ah! ¡Ése es nuestro gran pitufo!

¡Si ése es el GRAN Pitufo, yo soy el immenso Pirluit!

¡Gran Pitufo, éstos son Johan y Pirluit!

¡Ajá!

¡Sed bienvenidos! Pero, ¿cómo diablos habéis llegado aquí? ¡Creía que era imposible!

¡Oh, al menos a vos se os entiende!

¡El hechicero Homnibus nos durmió y nos hemos despertado aquí!

¡Ah, ya veo....! Er, ¿no podíais agacharos un poco? ¡Voy a coger una tortícolis! O mejor no, ¡esperad un momento!

¡Venid por aquí!

¡Id a pitufar a otra parte!

Pero, gran pitufo, si no...

¿Qué es esto? ¡Tengo que pitufar en serio con éstos dos pitufos! ¡Vamos, largo!

¡Esos críos! ¡Se creen que pueden hacer lo que quieran porque ya tienen cien años!

¿Qué? ¿Tienen cien años?

¿Y decís que son unos críos? ¿Cuántos años tenéis vos?

¡Oh, dios mío, yo estoy al filo de los 542 años!

¡¡¿542 AÑOS?!! Pues... no los aparentáis...

¡Vayamos al grano! ¡No habéis conseguido quitarle la flauta de seis agujeros a ese truhán de Torchesac y venís a pedirnos ayuda! ¿No es eso?

Er...sí. ¿Y cómo es que sabéis todo eso?

¡Oh, muy sencillo! Supimos que un mercader encontró una de nuestras flautas entre las cenizas de la cabaña de un hechicero al que se la habíamos regalado...

¡Como no podía estar en manos profanas, mis pitufos se pusieron en marcha para recuperarla!

¡Por eso os han seguido discretamente desde el día en que la perdió el mercader, hasta que Torchesac os la robó! Ni siquiera lo sospechabais, ¿eh?

¡Ahora a quien siguen es a Torchesac, esperando un momento de descuido que les permita recuperar la flauta! ¡Pero tengo pocas esperanzas porque el hombre es desconfiado y astuto!

¿Y no hay forma de acabar con el encantamiento de la flauta? ¡Eso lo solventaría todo!

¡Oh, no! ¡Es imposible!

¡Pues entonces no queda más remedio que reanudar la persecución de ese bribón!

¡A quién se le ocurre fabricar una flauta así! ¿No veis los problemas que tenemos ahora por vuestra culpa?

¿Y si pudieras luchar en igualdad de condiciones?

¿Qué queréis decir?

¡Podríamos fabricar otra flauta de seis agujeros!

¡Es una idea genial!

¡Cielos! ¡Sería la solución! ¿Cuánto tiempo tardaríais en darnos una?

¡Esperad! ¡Eh! ¡Pitufo!

¿Cuántas pitufas necesitarías para pitufar una nueva pitufa de seis pitufos?

¡Pitufando mucho, tendríamos que pitufar durante tres pitufas!

¡Dice que necesitaría tres días! ¡Vamos, no hay ni un momento que perder! ¡A trabajar!

¿Qué pasa aquí?

¡Me ha llamado Pitufo!

¡Ha empezado él!

¡Por todos los santos! ¡Sed razonables! ¡No es momento para discusiones!

¡Parecéis olvidar que Torchesac estará desvalijando a la gente mientras vosotros os divertís discutiendo!

¡Johan tiene razón! ¡Hagamos las paces! ¡Dadme vuestra hacha para ayudaros!

¡Eres muy amable!

¡Ahora, fijaos en cómo lo hago! ¡Mirad cómo vuelan las astillas!

?

CRAC

¡No es muy sólido vuestro equipo!

¡BASTA! ¡DEJA DE QUERER AYUDARNOS, POR PIEDAD!

¡Mejor vete a buscar leña! Lejos, muy lejos...¡Y enciende una hoguera! ¡Tendremos que trabajar toda la noche!

Algunas horas más tarde...

Y fue el pitufo-pitufo-pitufo, que hacía pitufa-pitufa-pitufa, Un pitufito, dos pitufitos, Tres pitufitos-pitufos-pitufos...

Creo recordar que fuiste tú quien tuvo la gran idea de decirles: "¿por qué no cantáis mientras trabajáis?"

45

¡Ah! ¡Uno de los pitufos que siguen a Torchesac!

?

¡Eh!

¿Y bien?

¡Malas pitufas, gran pitufo!

¡Tengo curiosidad por saber qué ha sido de ese bribón!

En todo caso, no parece que el pitufo le haya podido quitar la flauta.

¡Malas noticias! ¡Torchesac sigue saqueando pueblos sin ser molestado!

¡Pero hay algo más grave aún! ¡Mis pitufos han descubierto que se dirige a la costa para embarcarse rumbo al extranjero! ¡Y no podemos seguirle por mar!

¡La única posibilidad que nos queda es que vosotros lo cojáis antes! ¡Hay que acelerar el trabajo!

Valientemente, sin tomarse ni un instante de reposo, los pequeños pitufos vuelven al trabajo.

TOC TOC TAC
TAC TAC TAC
TAC TAC TOC
TAC

Las horas van pasando y, poco a poco, la flauta empieza a tomar forma.

¡Johan! ¡Johan! ¡Ya está! ¡Ya lo entiendo!

¿Qué entiendes?

¡El lenguaje pitufo! ¡Es muy fácil! ¡Basta con sustituir los nombres por "pitufo" y los verbos por "pitufar"!

¿Tú crees que es tan sencillo?

43

Por fin, tras otra jornada de trabajo...

¡Ya está acabada!

¡Ah, ah! ¿Puedo verla?

¿Estáis seguros de que también está encantada como la otra?

¡Sería buena idea probarla!

¡Ya te veo venir! ¡Dame esa flauta! ¡Yo seré quien la pruebe!

¡¿Y por qué tú y no yo?!

¡Además, tú no sabes nada de música! ¡Y bailas divinamente bien....! Bueno, ¿estás listo?

!

Pero... ¡si no funciona! ¡Esta flauta no está encantada!

¿Me la dejas?

¡Seguro que han olvidado barnizarla con zumo de mandrágora! ¡Montón de pitufos! ¡Esperad, que ahora mismo lo arreglo!

Bueno, menos mal que la hemos probado...

Sí. ¡Oye, qué cosas, pero de pronto tengo sueño!

¡Ya está! ¡Esperad un momento a que esté bien seca, y os aseguro que esta vez funcionará!

¡Mmmm!

¿Qué tenéis? ¿Os pasa algo?

¡No! ¡No... no sé lo que nos pasa....!

Me... me pesa la cabeza... Yo...

¡Estáis jugando a un juego peligroso, señor! ¡Los siervos acabarán quejándose al rey, y éste enviará una expedición para desposeeros de vuestro feudo!

¡El rey! ¡El rey! ¡Que se meta en lo que le importa! ¡Yo necesito dinero!

¿Ah, sí? ¡Pues, tomad!

CLINCH

¿¡TORCHESAC?!

¡El mismo!

Er... ¡Dejadnos! ¡Ya no os necesito! Podéis iros.

¡Bien, señor!

¡Bribón! ¡Os dije que no volvierais a poner aquí los pies!

¿Por qué? ¿Teméis que cuente que hace tres meses asalté una caravana de mercaderes que pasaba por vuestras tierras y que vos, señor de la Mortaille, cobrasteis una parte del botín?

¡Callad, desgraciado!

¿Qué es lo que queréis ahora?

¡Proponeros un negocio! Sois hombre de guerra, de la Mortaille, pero no podéis hacerla porque estáis arruinado, lleno de deudas, y sólo podéis pagar a un puñado de soldados mal armados... Pero, de tener un buen ejército, atacaríais a los señores cercanos, ¡convirtiendo vuestro pequeño feudo en una provincia poderosa!

¿Y qué necesitáis para eso? ¡Dinero! ¡Algo que tengo! ¡Y mucho! Así que os propongo daros el necesario para formar ese ejército.

¡Vos invadís el país y luego nos repartimos las tierras conquistadas! ¿Qué me decís?

¡Je, je! ¡De acuerdo!

¡Muy bien! ¡Tengo el dinero escondido en un bosque cercano!

¡El idiota se cree que lo compartiré con él!

¡El idiota se cree que lo compartiré con él!

52

Mientras, en casa de Homnibus...

¿Ha despertado ya?

¡Sí! ¡Pero con fiebre! ¡Ha debido agotarse!

¡Le he dado un buen somnífero! ¡Estará mejor mañana por la mañana, cuando despierte!

¡¡¿Mañana por la... mañana?!!

¡Esto es el colmo!

¡Escudos! ¡Millares de escudos! ¡Oro, plata y piedras preciosas! ¡Tengo la carreta llena! ¡Bastante para una pequeña guerra! ¡Ja, ja, ja!

A propósito, ¿cuántos soldados tenéis ahora?

¡Apenas unos quinientos! ¡Pero con dinero puedo formar un ejército de tres mil hombres!

¡Es demasiado poco! ¡Necesitamos al menos diez mil! ¡Esto es lo que haremos! ¡Os dejaré parte de este dinero para equipar a vuestros tres mil hombres!

¡Yo usaré el resto para ir al extranjero a reclutar mercenarios que traeré aquí! ¿Qué os parece?

¡Muy bien! ¿Cuándo partís?

¡Ahora mismo! ¡Pensaba embarcar esta noche en Troumanach!

¡Vamos! ¡Hay que pitufárselo al gran pitufo!

¡Todo iba demasiado bien!

Mmm.

¡A MÍ! ¡JOHAN! ¡PI... PIRLUIT! ¡VENGAN DEPRISA!

¡FUERA HAY... HAY COSAS...! ¡COSAS RARAS...!

49

¡CIELOS!

¡LOS PITUFOS!

¡Ah! ¡Estáis aquí!

¿Fue Homnibus quien os pitufó aquí?

¡Traemos la pitufa de seis pitufos!

¡Ahora podréis pitufar a ese pitufo de Torchesac!

¡Cuidado abajo! ¡Pitufaos!

¡Buf! ¡Todavía están aquí los dos pitufos!

¡Hemos tenido suerte de pitufarlos!

¿Cómo sabíais que estaríamos aquí?

¡Me dijisteis que llegasteis al país maldito gracias a Homnibus!

SMAK

¡Por tanto, al ver que no volvíais después de desaparecer, me dije que estaríais aquí! ¿Qué ha pasado? ¿Cómo es que Homnibus no os devolvió con nosotros para recoger la flauta?

¡No consiguió dormirnos! ¿Y ahora funciona la flauta?

¡EH!

¡Oh, sí! ¡Funciona muy bien!

Hem... ¡Bueno! ¡Ya podemos ir a por Torchesac! ¿Sabéis dónde puede estar?

¡Las últimas noticias lo situaban yendo al castillo de la Mortaille! ¡Allí os espera un pitufo para indicaros el camino que tomó después! ¡Buena suerte!

¡Gracias! ¡Vamos, Pirluit! ¡En camino!

¡Un momento! ¡Aquí hay algo que no marcha!

50

Es muy bonito eso de que nos espera un pitufo, pero no iremos muy lejos como nos diga, por ejemplo, que el pitufo ha pitufado por el camino pitufo.

¡Sapristi, es verdad! ¡No entendéis el pitufo! ¡En ese caso no me queda más remedio que acompañaros!

¡Bueno, vamos ya!

¡CARLOTA!

¡No, no! ¡Ya nos repitufaremos en el pitufo maldito!

¡Tengo 542 años, pero es la primera vez que monto a caballo!

Tras una larga cabalgata a través de bosques y llanuras, nuestros amigos avistan el castillo de la Mortaille.

¡Eh!

¡Ahí está!

¡Deprisa! Pitufaos, se ha pitufado a Troumanach. ¡Va a pitufarse para el pitufo!

¿Qué es lo que ha dicho?

¡Que Torchesac ha salido para Troumanach! ¡Va a embarcarse para el extranjero!

¡Cielos! ¡Hay que llegar allí cuanto antes!

51

Mientras tanto, en Troumanach...

¡Éste es el último cofre, señor Torchesac! ¡Ya podemos aparejar!

¡Bien!

¡Más deprisa, Pirluit!

¡Izad velas! ¡Largad las amarras!

¡Ya hemos llegado!

¡Ésa es su carreta! Pero, ¿dónde está él?

¡Preguntemos a este pescador!

¡Hola! ¿Sabéis dónde está el hombre que llegó con esa carreta?

¡Un gordito con una cara muy fea!

¡Sí! ¡Se embarcó en esa nave de allí!

Peyo - 52

¡Deprisa! ¿Hay en este puerto algún barco capaz de alcanzarlo?

¡Oh, qué va! ¡Aquí sólo hay barcas! ¡No vale la pena intentarlo!

¿Y sabéis a dónde se dirige?

Pues no.

¡Muy mal! ¡Ya podíais ser algo más curioso de vez en cuando!

¡Pirluit, tenemos que averiguar a dónde va ese barco! ¡Es la única posibilidad de encontrar a Torchesac. ¡Ve por ahí y pregunta a todo el mundo!

¡Entendido!

Algunas horas más tarde, al caer la noche...

¿Y bien!

¡Nada! ¿Y tú?

¡Tampoco nada! ¡Creo que esta vez está todo perdido!

¡Eh!

¡El gran pitufo! ¿Dónde os habíais metido?

¡Fui a buscar al pitufo que siguió a Torchesac hasta aquí! ¡Esperaba que supiera a dónde iba el barco! ¡Desgraciadamente, no sabe nada!

¡Pero me ha dicho que Torchesac ha hecho un pacto con el señor de la Mortaille! ¡Se va a reclutar un ejército de mercenarios con que invadir el país!

Cielos, entonces no está todo perdido, porque de la Mortaille sabrá a dónde ha ido Torchesac.

¡Eso es cierto! ¡Vamos a por ese triste señor! ¡Si se niega a hablar, le tocaré la flauta hasta que se desarticule!

¡No! ¡Espera!

¡Podría decirnos que no sabe nada o enviarnos a otro sitio! ¡Hay pocas posibilidades de que nos diga la verdad!

¡Sí, claro! ¿Qué hacemos entonces?

¡Tengo una idea! ¡Escuchadme bien!

·53·

Un poco más tarde, en el castillo de la Mortaille...

Ocho... nueve... ¡diez! ¡Ya van cien! ¡Seis mil trescientos escudos! ¡Je, je! Uno... dos...

¿Quién es? ¿Quién anda ahí?

TOC TOC TOC

¡Un joven acaba de traeros este pergamino, señor! ¡Dijo que era muy urgente!

¿Ah?

¿Qué querrán ahora de mí?

¡Señor! Han descubierto nuestro plan. No puedo explicaros lo que ha pasado, porque ya zarpa mi barco. Reuníos conmigo lo antes posible. En Troumanach os espera un pescador. Daos prisa o todo se habrá perdido. Mathieu Torchesac.

¡Mis botas! ¡Mi ropa de viaje! ¡Que se ensille mi caballo de inmediato!

Un poco más tarde...

¡Ahí está!

¡Soy el señor de la Mortaille! ¿Tu barco está listo para salir a la mar?

¡Sí, señor! ¡Os esperaba! ¡Ya podemos levar anclas!

¡Poned rumbo al Oeste!

Tres días más tarde...

¡Estoy maliiiito!

¡Por piedad, haz que este barco no se balancee así! ¡Me voy a moriiir!

¡Bien! ¡Bien!

¡¡¿Cómo que bien, bien?!!

Er... quería decir que mal, mal...

¿Va todo bien?

Para mí, sí. Pero no para de la Mortaille. ¡Fijaos en él...!

Hace tres días que se hace mala sangre por el mensaje que ha recibido. ¡Si supiera que se lo enviasteis vos!

¡Callad! ¡Podría oírnos!

¡Mira que es mala suerte! ¡Con lo bien que iba todo! ¿Qué habrá podido pasar? ¡Y esta cáscara de nuez no avanza nada! @?☆⚡☇!

¡Por fin!

¡Esperadme aquí!

¡Deprisa! ¡No hay que perderlo de vista! ¿Tienes la flauta?

¡Sí!

¡Buena suerte!

¡Cuidado! ¡Tuerce a la derecha!

?

¡Ah, es aquí!

¡Vamos!

¡Aquí hay mil escudos para equipar a vuestros hombres! ¡Recibiréis el resto en el castillo de la Mortaille!

¡Rayos! ¿Dónde se ha metido?

¡Habrá entrado en alguna casa! ¡Deshagamos el camino!

¿Qué es toda esa historia? ¡Yo no os he enviado ningún mensaje!

¡Sí lo enviasteis! ¡Mirad!

¡¡Yo no he escrito esto!!

@©!?¿○¿★!! ¿Quién ha sido entonces? ¿Con qué fin?

¡Nos lo dirá el pescador que os ha traído aquí! ¡Estará compinchado con quien escribió ese mensaje! ¡Vamos!

¡No estará muy lejos!

Peyo 56

Pfff... Pfff...

Pfff... Pfff...

¡Uf! ¡Ya... ya está....! ¡Le he vencido!

Más tarde...

¡Sí! ¡Aquí hay una fortuna! ¡Menos mal que hemos conseguido recuperarla antes de que esos dos bandidos la emplea- sen para su siniestro plan!

¡Y ahora tenemos dos flautas de seis agujeros! ¡Una para ti y otra para mí! ¡Lo que nos vamos a divertir!

¡No, Pirluit! ¡Devolve- remos las flautas a los pitufos!

Pero, ¿¡tú estás loco?! ¿Por qué...?

¡Porque son demasiado peligrosas! ¡Ya has visto todo lo que han pro- vocado!

¡Por culpa de esa flauta se han saqueado ciudades y ha faltado poco para que invadieran el país!

¡Mmmh! ¡Pues yo que- rría quedarme una!

¡De eso nada! ¡Las flautas volve- rán al país maldito! ¡Al menos allí no harán daño a nadie!

¡Psst! ¿No tendréis un trozo de madera más o menos así, y un cuchillo?

¡Oh, sí! ¡Esperad que os lo busco!

Peyo - 58

Tres días más tarde, a pocas leguas de Troumanach...

!

¡Ya llegan, gran pitufo! ¡¡Ya llegan!!

¿Y bien?

¡Ganamos, gran pitufo! Tenemos a Torchesac, a de la Mortaille, el dinero... ¡y las dos flautas!

¡Hurra!

¡Me dan ganas de pitufar a estos dos pitufos un buen pitufo en sus sucios pitufos!

¿Y dónde está Pirluit? ¡No le habrá pasado nada....!

¡No! ¡Se ha quedado rezagado! ¡No sé qué tiene, pero hace días que se mete en un rincón planeando no sé qué!

¡Un trocito más y habré acabado!

¡Ya está! ¡Perfecta! ¡Je, je! ¡Es igual a la otra!

¡Sapristi! ¡Los pitufos! ¡Justo a tiempo!

...y cuando desperté, Pirluit ya tenía atados a los dos bandidos. Les obligamos a subir a bordo el dinero robado... ¡y aquí estamos!

¡Bravo! ¡Todo vuelve a estar como debe estar! ¡Se juzgará a los malvados y se devolverá el dinero! En cuanto a las flautas...er... ¿habéis pensado en conservarlas...?

¡Para nada! ¡Os la devolveremos! ¿Verdad, Pirluit?

¡Sí, claro, por supuesto!

¡Sois muy sabios! ¡Creedme si os digo que sólo os habrían traído desgracias!

¡Es justo lo que le dije el otro día a Johan!

PITUFO (★)

(★) **FIN**